AF188999

Impressum
Verlag: BABADADA GmbH, Nedderfeld 112 , 22529 Hamburg
Geschäftsführer / Verlagsleitung: Harald Hof
Druck: Books on Demand GmbH, In de Tarpen 42, 22848 Norderstedt

Imprint
Publisher: BABADADA GmbH, Nedderfeld 112 , 22529 Hamburg, Germany
Managing Director / Publishing direction: Harald Hof
Print: Books on Demand GmbH, In de Tarpen 42, 22848 Norderstedt, Germany

школа
xue xiao

класна кімната
jiao shi

ділити
chu

186/2

дошка
hei ban

шкільний двір
xiao yuan

вчитель
lao shi

папір
zhi

писати
shu xie

ручка
gang bi

письмовий стіл
ban gong zhuo

лінійка
zhi chi

книга
shu

учень
xue sheng

ранець
shu bao

пенал
qian bi he

олівець
qian bi

точило
juan bi dao

гумка
xiang pi ca

альбом для малювання
hua ban

малюнок

tu hua

пензель

hua bi

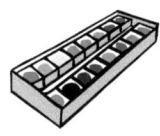

коробка фарб

yan liao he

ножиці

jian dao

клей

jiao shui

зошит

lian xi ce

домашнє завдання

jia ting zuo ye

число

shu zi

додавати

jia

віднімати

jian

множити

cheng

рахувати

ji suan

літера

zi mu

абетка

zi mu biao

слово

zi

текст
....
ke wen

читати
....
du

крейда
....
fen bi

година
....
shang ke

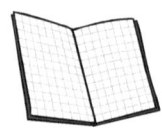

класний журнал
....
deng ji

екзамен
....
kao shi

диплом
....
zheng shu

шкільна форма
....
xiao fu

освіта
....
jiao yu

лексикон
....
bai ke quan shu

університет
....
da xue

мікроскоп
....
xian wei jing

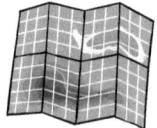

карта
....
di tu

кошик для паперу
....
fei zhi kuang

подорож
lü xing

готель
jiu dian
Grand
турбаза
qing nian lü xing she
обмінний пункт
wai bi dui huan chu
XCHANGE
валіза
shou ti xiang
автомобіль
qi che

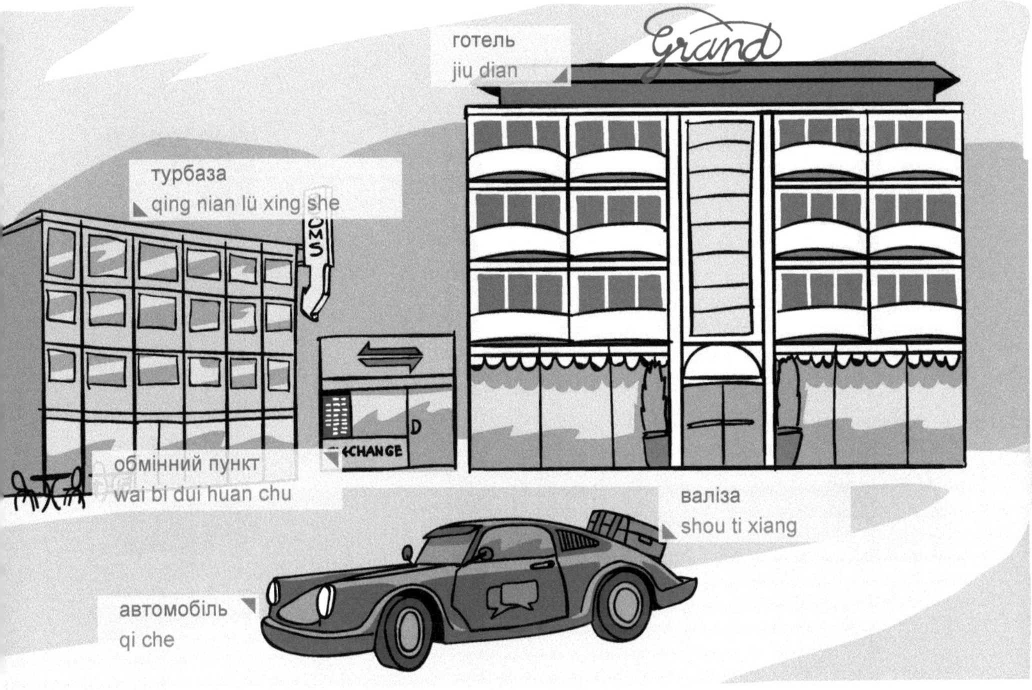

мова

yu yan

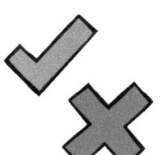

так / ні

shi/fou

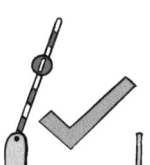

добре

hao de

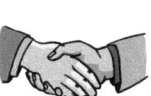

привіт

nin hao

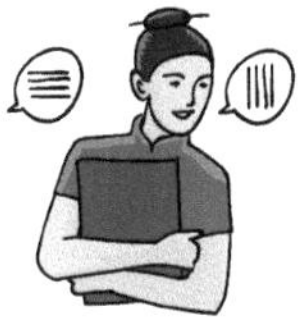

перекладач

fan yi yuan

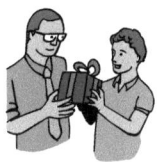

дякую

xie xie

Скільки коштує ...?

......duo shao qian?

Я не розумію

wo bu ming bai

проблема

wen ti

Добрий вечір!

wan shang hao!

Доброго ранку!

zao shang hao!

На добраніч!

wan an!

До побачення

zai jian

напрямок

fang xiang

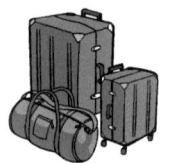

багаж

xing li

сумка

bao

рюкзак

shuang jian bao

гість

ke ren

кімната

fang jian

спальний мішок

shui dai

намет

zhang peng

туристична інформація

lü you xin xi

пляж

hai tan

кредитна картка

xin yong ka

сніданок

zao can

обід

wu can

вечеря

wan can

квиток

piao

ліфт

dian ti

поштова марка

you piao

межа

bian jie

митниця

hai guan

посольство

da shi guan

віза

qian zheng

паспорт

hu zhao

транспорт

jiao tong yun shu

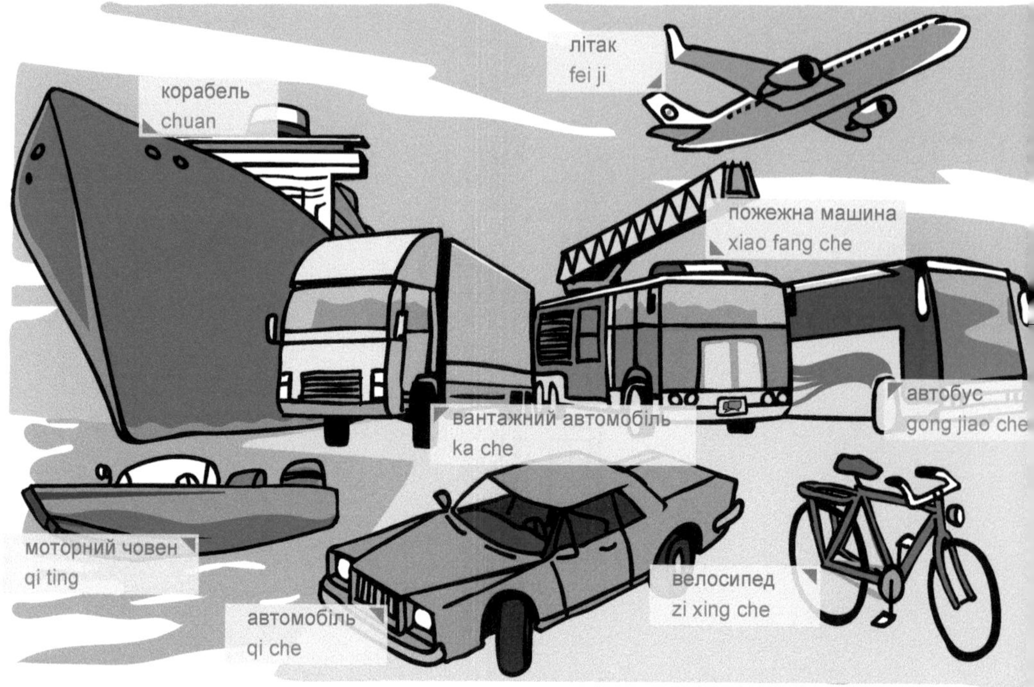

літак
fei ji
корабель
chuan
пожежна машина
xiao fang che
автобус
gong jiao che
вантажний автомобіль
ka che
моторний човен
qi ting
велосипед
zi xing che
автомобіль
qi che

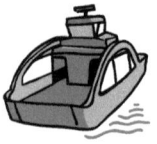

пором

bai du chuan

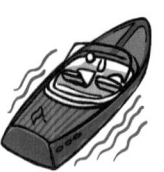

човен

xiao chuan

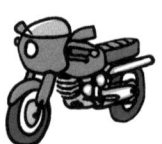

мотоцикл

mo tuo che

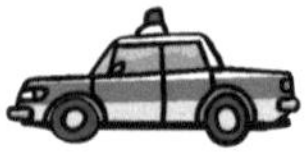

поліцейська машина

jing che

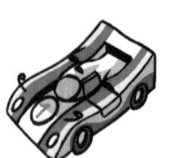

гоночний автомобіль

sai che

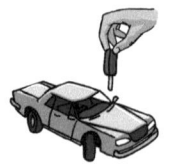

автомобіль на прокат

zu che

спільне користування авто

pin che

евакуатор

tuo che

сміттєвоз

la ji che

двигун

fa dong ji

паливо

qi you

автозаправна станція

jia you zhan

дорожній знак

jiao tong biao zhi

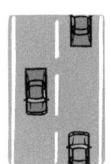

рух

jiao tong

затор

jiao tong du sai

стоянка

ting che chang

вокзал

huo che zhan

рейки

gui dao

потяг

huo che

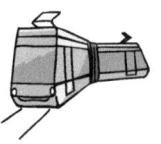

трамвай

dian che

вагон

huo che

гелікоптер

zhi sheng ji

аеропорт

ji chang

вежа

ta

пасажир

cheng ke

контейнер

ji zhuang xiang

коробка

zhi ban xiang

візок

shou tui che

кошик

lan zi

стартувати / приземлятися

qi fei/jiang luo

місто

cheng shi

село

cun zhuang

центр міста

shi zhong xin

дім

fang zi

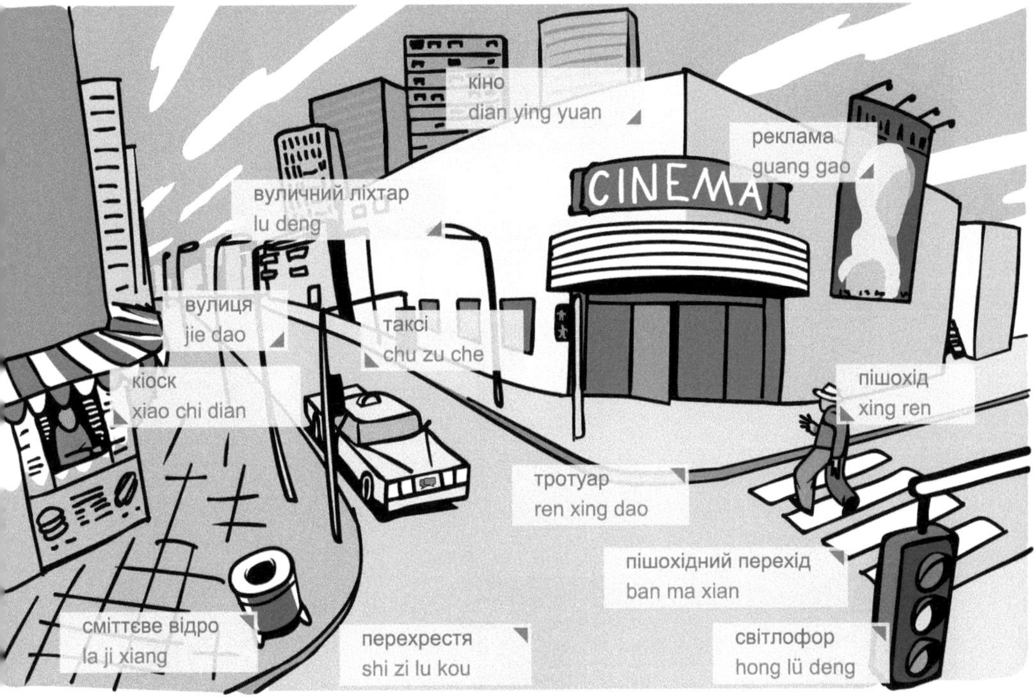

кіно
dian ying yuan

реклама
guang gao

вуличний ліхтар
lu deng

CINEMA

вулиця
jie dao

таксі
chu zu che

пішохід
xing ren

кіоск
xiao chi dian

тротуар
ren xing dao

пішохідний перехід
ban ma xian

сміттєве відро
la ji xiang

перехрестя
shi zi lu kou

світлофор
hong lü deng

хатина

xiao wu

квартира

gong yu

вокзал

huo che zhan

ратуша

shi zheng ting

музей

bo wu guan

школа

xue xiao

університет

da xue

банк

yin hang

лікарня

yi yuan

готель

jiu dian

аптека

yao fang

офіс

ban gong shi

книжковий магазин

shu dian

магазин

shang dian

квітковий магазин

hua dian

супермаркет

chao shi

ринок

shi chang

універмаг

bai huo shang dian

торговець рибою

yu dian

торговельний центр

gou wu zhong xin

гавань

hai gang

парк

gong yuan

лава

chang deng

міст

qiao

сходи

lou ti

метро

di tie

тунель

sui dao

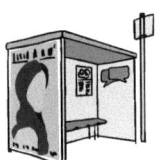

автобусна зупинка

gong jiao che zhan

бар

jiu ba

ресторан

can guan

поштова скринька

you tong

вулична табличка

lu biao

лічильник паркування

ting che ji shi qi

зоопарк

dong wu yuan

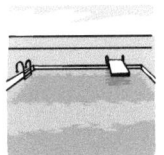

басейн

you yong guan

мечеть

qing zhen si

ферма

nong chang

забруднення навколишнього середовища

wu ran

кладовище

mu di

церква

jiao tang

дитячий майданчик

cao chang

храм

si miao

ландшафт

di xing

листок
shu ye

вказівний стовп
zhi shi pai

шлях
lu

луг
cao di

камінь
shi tou

дерево
shu

мандрівник
tu bu lü xing zhe

річка
he

трава
cao

квітка
hua

долина

xia gu

гора

shan

озеро

hu

ліс

sen lin

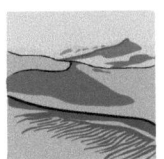

пустеля

sha mo

вулкан

huo shan

замок

cheng bao

веселка

cai hong

гриб

mo gu

пальма

zong lü shu

комар

wen zi

муха

cang ying

мурашка

ma yi

бджола

mi feng

павук

zhi zhu

жук

jia chong

жаба

qing wa

вивірка

song shu

їжак

ci wei

заєць

ye tu

сова

mao tou ying

птах

niao

лебідь

tian e

кабан

ye zhu

олень

lu

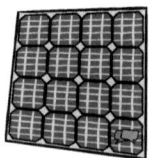

лось

mi lu

гребля

shui ba

вітряк

feng li fa dian ji

сонячний модуль

tai yang neng dian chi ban

клімат

qi hou

16　　　　　ландшафт - di xing

ресторан
can guan

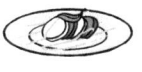

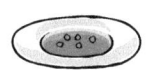

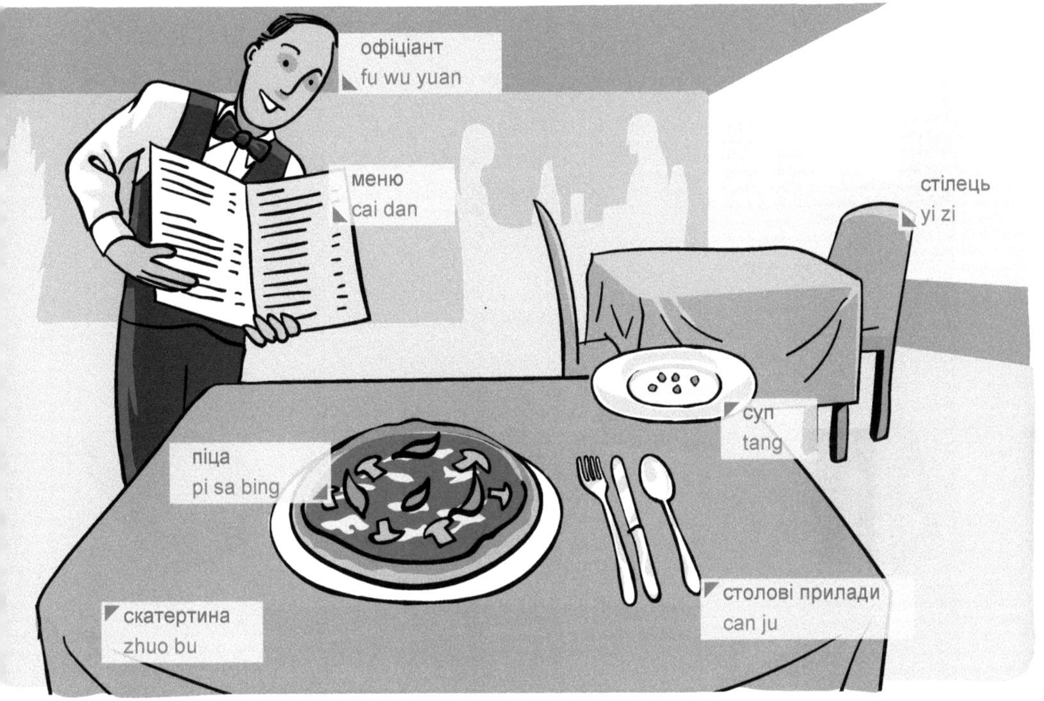

офіціант
fu wu yuan
меню
cai dan
стілець
yi zi
суп
tang
піца
pi sa bing
скатертина
zhuo bu
столові прилади
can ju

закуска

qian cai

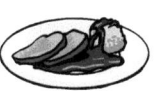

друга страва

zhu cai

десерт

tian dian

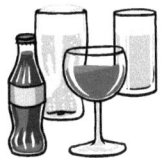

напої

yin liao

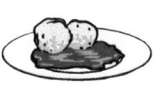

їжа

shi wu

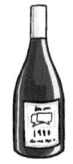

пляшка

ping zi

фаст-фуд

kuai can

вулична їжа

jie bian xiao chi

чайник

cha hu

цукорниця

tang he

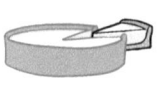

порція

yi fen fan cai

еспресо-машина

yi shi ka fei ji

високий стільчик

gao jiao yi

рахунок

zhang dan

піднос

tuo pan

ніж

dao

вилка

can cha

ложка

shao zi

чайна ложка

cha chi

серветка

can jin

склянка

bo li bei

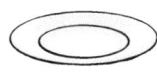

тарілка

die zi

тарілка для супу

tang pan

блюдце

die zi

соус

jiang

солонка

yan ping

млин для перцю

hu jiao mo

оцет

cu

масло

shi yong you

спеції

tiao wei liao

кетчуп

fan qie jiang

гірчиця

jie mo

майонез

dan huang jiang

супермаркет

chao shi

пропозиція
te jia
FOR
клієнт
gu ke
молочні продукти
ru zhi pin
фрукти
shui guo
візок для покупок
gou wu che

BUTCHERS

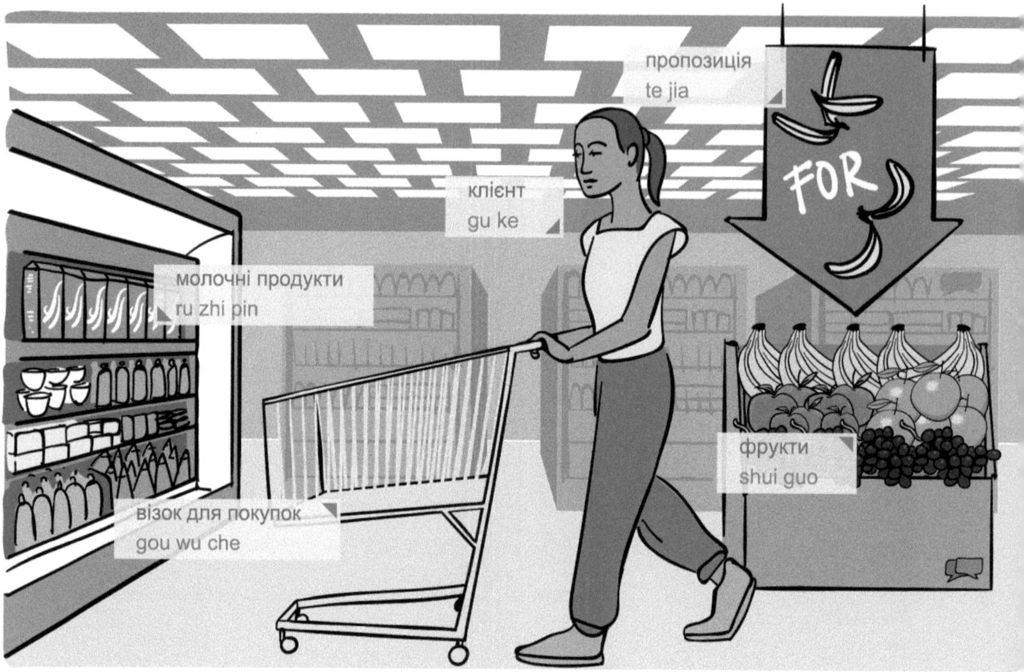

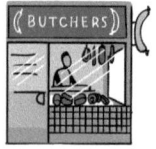

м'ясний магазин

rou pu

BAKERY

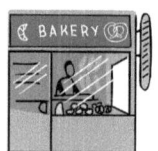

пекарня

mian bao fang

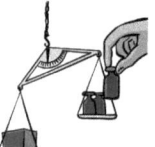

зважувати

cheng zhong

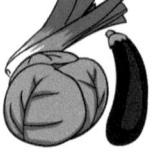

овочі

shu cai

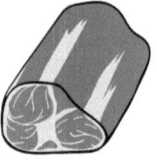

м'ясо

rou

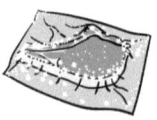

заморожені продукти

leng dong shi pin

ковбасна нарізка

leng pan

консерви

guan tou shi pin

пральний порошок

xi yi fen

солодощі

tian shi

предмети домашнього побуту

ri yong pin

мийний засіб

qing jie yong pin

продавщиця

xiao shou yuan

каса

shou yin ji

касир

shou yin yuan

список покупок

gou wu qing dan

часи роботи

kai fang shi jian

гаманець

qian bao

кредитна картка

xin yong ka

сумка

dai zi

поліетиленовий пакет

su liao dai

вода

shui

сік

guo zhi

молоко

niu nai

кола

ke le

вино

hong jiu

пиво

pi jiu

алкоголь

jiu

какао

ke ke

чай

cha

кава

ka fei

еспресо

yi shi nong suo ka fei

капучіно

ka bu qi nuo

банан

xiang jiao

яблуко

ping guo

апельсин

cheng zi

кавун

xi gua

лимон

ning meng

морква

hu luo bo

часник

da suan

бамбук

zhu zi

цибуля

yang cong

гриб

mo gu

горішки

jian guo

локшина

mian tiao

спагеті

yi da li mian tiao

рис

mi fan

салат

sha la

картопля фрі

shu tiao

смажена картопля

zha tu dou

піца

pi sa bing

гамбургер

han bao bao

бутерброд

san ming zhi

шніцель

zha zhu pai

шинка

huo tui

салямі

sa la mi

ковбаса

xiang chang

курка

ji rou

печеня

kao rou

риба

yu

вівсяні пластівці

yan mai pian

мюслі

mu zi li

кукурудзяні пластівці

yu mi pian

борошно

mian fen

круасан

yang jiao mian bao

булочка

mian bao juan

хліб

mian bao

тостовий хліб

kao mian bao

печиво

bing gan

масло

huang you

сир

ning ru

пиріг

dan gao

яйце

dan

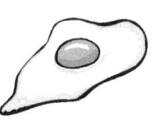

яєчня

jian dan

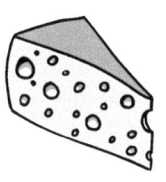

сир

nai lao

морозиво

bing ji lin

цукор

tang

мед

feng mi

мармелад

guo jiang

нуга-крем

qiao ke li jiang

карі

ga li fan

ферма
nong chang

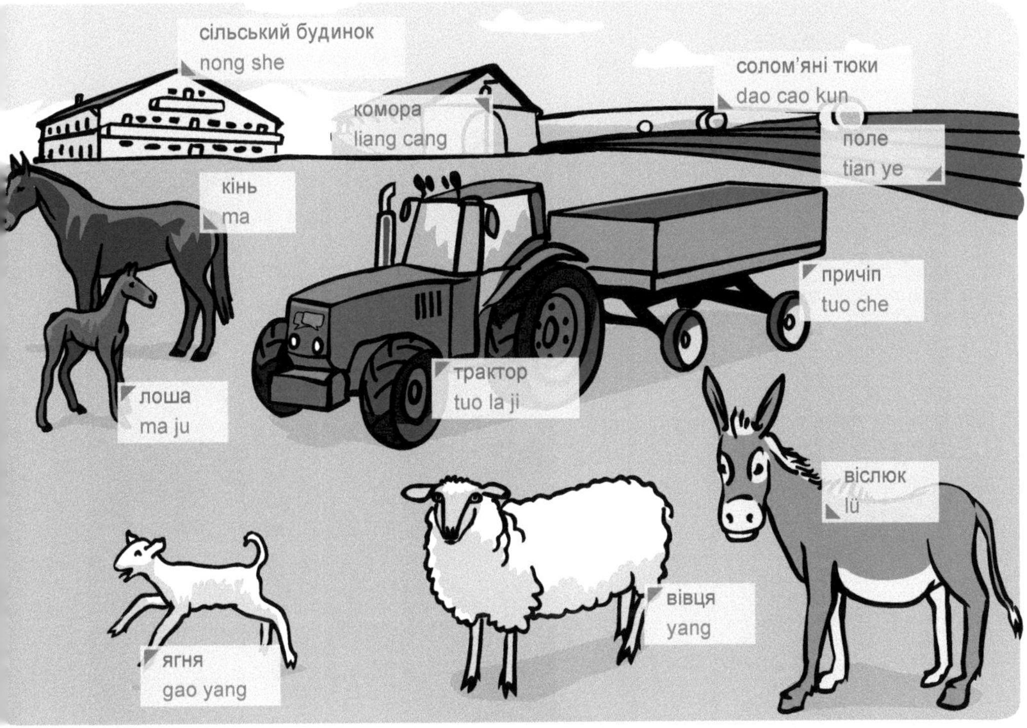
сільський будинок
nong she
солом'яні тюки
dao cao kun
комора
liang cang
поле
tian ye
кінь
ma
причіп
tuo che
трактор
tuo la ji
лоша
ma ju
віслюк
lü
вівця
yang
ягня
gao yang

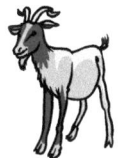

коза

shan yang

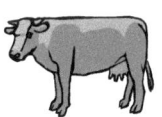

корова

nai niu

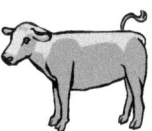

теля

niu du

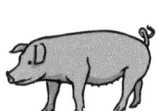

свиня

zhu

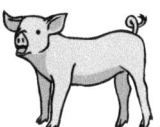

порося

xiao zhu

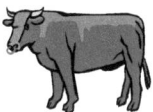

бик

gong niu

гусак

e

качка

ya

курча

xiao ji

курка

mu ji

півень

gong ji

щур

shu

кіт

mao

миша

lao shu

віл

niu

собака

gou

собача будка

gou wu

садовий шланг

hua yuan jiao shui ruan guan

лійка

sa shui hu

коса

chang bing da lian dao

плуг

li

ферма - nong chang

серп

lian dao

мотика

chu tou

вила

chang bing cao pa

сокира

fu tou

тачка

du lun shou tui che

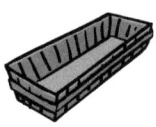

корито

si liao cao

бідон молока

niu nai guan

мішок

ma bu dai

паркан

zha lan

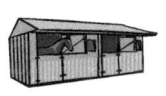

хлів

ma jiu

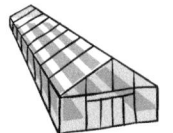

теплиця

wen shi

ґрунт

tu rang

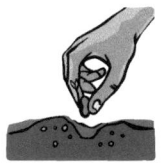

насіння

zhong zi

добриво

fei liao

комбайн

lian he shou ge ji

ферма - nong chang

пожинати

shou ge

урожай

shou ge

корінь ямсу

shan yao

пшениця

xiao mai

соя

da dou

картопля

tu dou

кукурудза

yu mi

ріпак

you cai zi

плодове дерево

guo shu

маніок

shu shu

злаки

gu wu

дім

fang zi

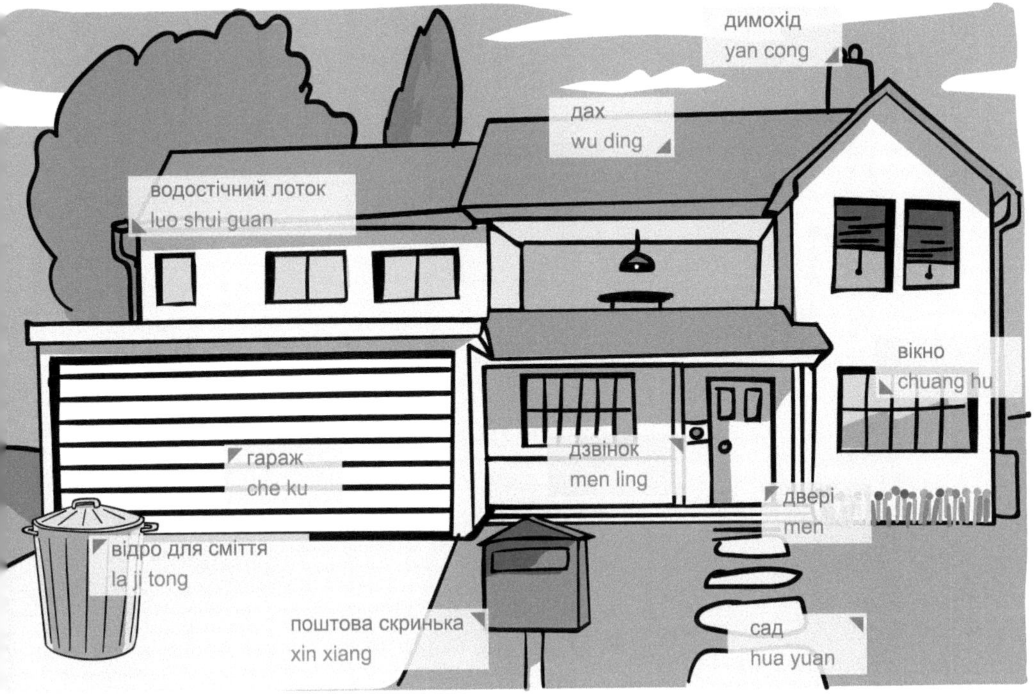
димохід
yan cong
дах
wu ding
водостічний лоток
luo shui guan
вікно
chuang hu
гараж
che ku
дзвінок
men ling
двері
men
відро для сміття
la ji tong
поштова скринька
xin xiang
сад
hua yuan

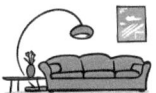

вітальня

ke ting

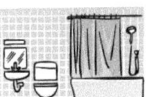

ванна кімната

yu shi

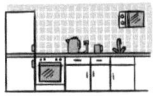

кухня

chu fang

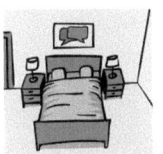

спальня

wo shi

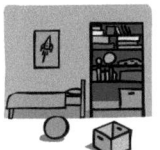

дитяча кімната

er tong fang

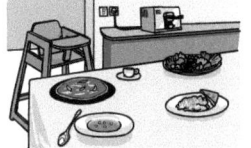

їдальня

can ting

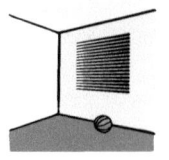

підлога

di ban

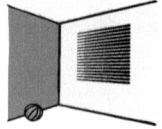

стіна

qiang bi

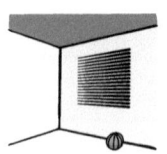

стеля

diao ding

підвал

di jiao

сауна

sang na

балкон

yang tai

тераса

lu tai

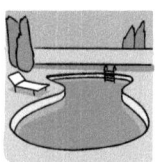

басейн

you yong chi

косарка

ge cao ji

простирало

bei dan

ковдра

chuang zhao

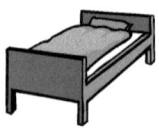

ліжко

chuang

мітла

sao zhou

відро

shui tong

перемикач

kai guan

вітальня
ke ting

шпалери
bi zhi
малюнок
zhao pian
лампа
tai deng
поличка
ge jia
шафа
chu gui
телевізор
dian shi ji
камін
bi lu
квітка
hua
подушка
dian zi
диван
sha fa
ваза
hua ping
пульт
yao kong qi

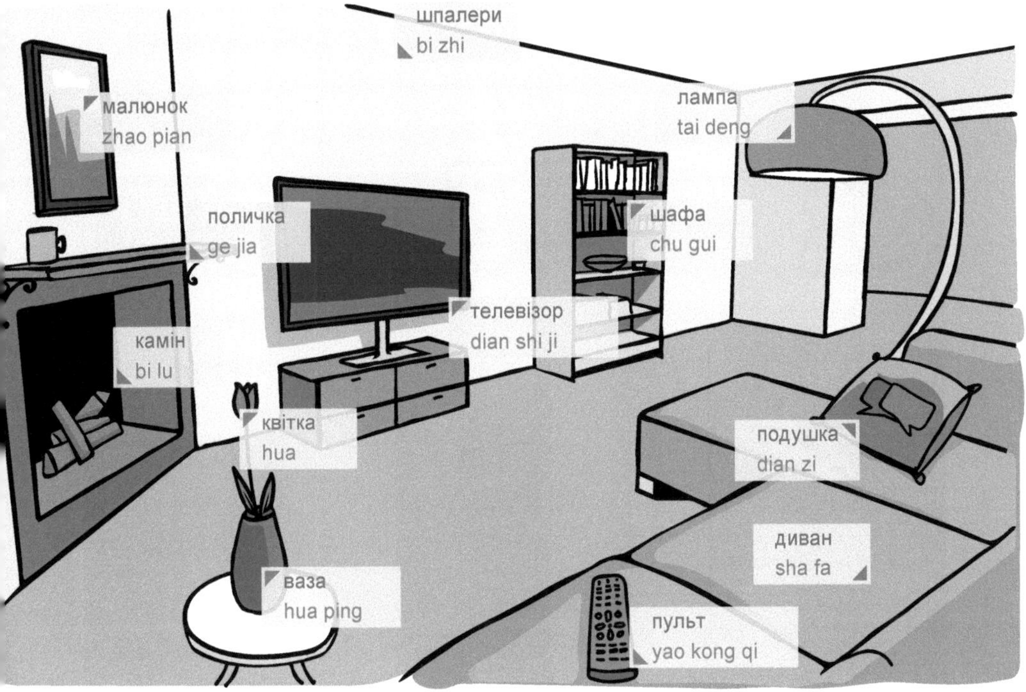

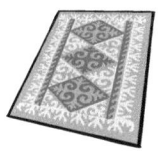

килим

di tan

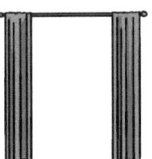

завіса

chuang lian

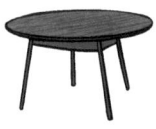

стіл

can zhuo

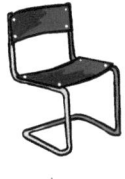

стілець

yi zi

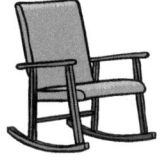

крісло-гойдалка

yao yi

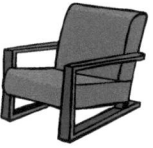

крісло

fu shou yi

книга
shu

ковдра
tan zi

прикраса
zhuang shi pin

дрова
mu chai

фільм
dian ying

стереосистема
gao bao zhen yin xiang

ключ
yao shi

газета
bao zhi

картина
you hua

плакат
hai bao

радіо
shou yin ji

блокнот
bi ji ben

пилосос
xi chen qi

кактус
xian ren zhang

свічка
la zhu

кухня
chu fang

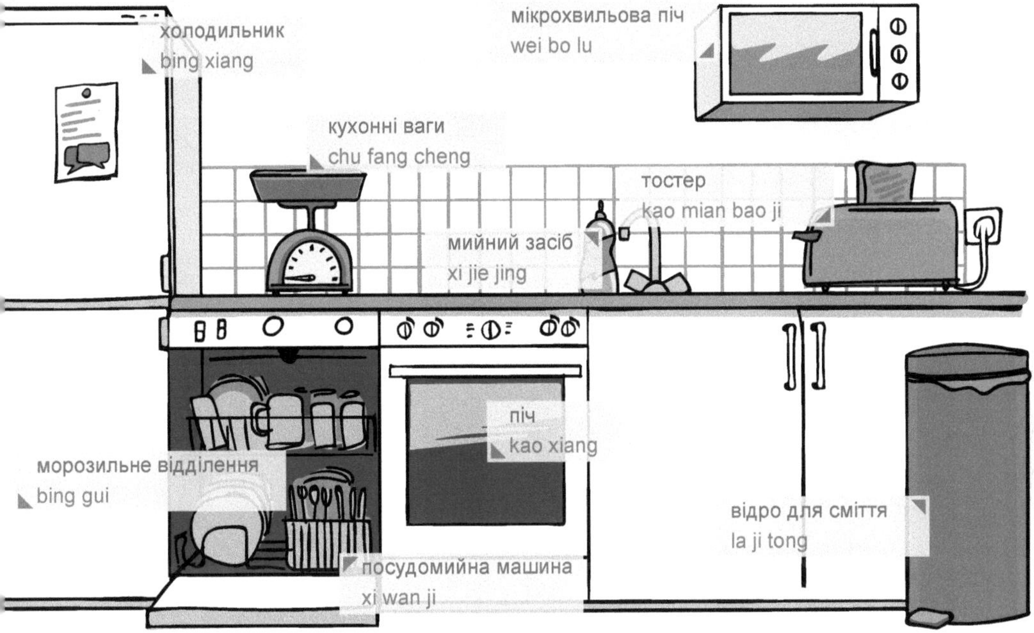
холодильник
bing xiang
мікрохвильова піч
wei bo lu
кухонні ваги
chu fang cheng
тостер
kao mian bao ji
мийний засіб
xi jie jing
піч
kao xiang
морозильне відділення
bing gui
відро для сміття
la ji tong
посудомийна машина
xi wan ji

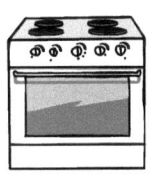

плита

chui ju

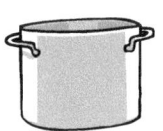

горщик

guo

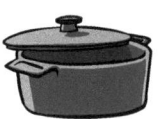

чавунний горщик

zhu tie guo

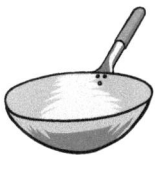

вок / кадай

sha guo

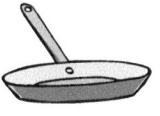

сковорода

ping di guo

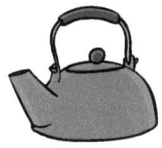

чайник

shui hu

пароварка

zheng guo

лист

kao pan

посуд

tao ci guo

кухоль

ma ke bei

чаша

wan

палички для їжі

kuai zi

черпак

chang bing shao

лопатка

chan zi

вінчик для збивання

jiao ban qi

сито

lü wang

сито

shai zi

терка

mo sui ji

ступка

yan bo

барбекю

shao kao

багаття

ming huo

дошка

cai ban

качалка

gan mian zhang

штопор

kai ping qi

конзерва

guan zi

відкривачка

kai ping qi

прихватки

ge re shou tao

раковина

shui cao

щітка

shua zi

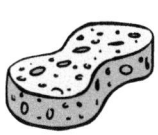

губка

hai mian

міксер

jiao ban ji

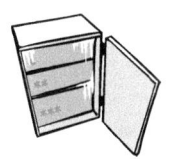

морозильна камера

leng cang xiang

дитяча пляшка

nai ping

кран

shui long tou

ванна кімната
yu shi

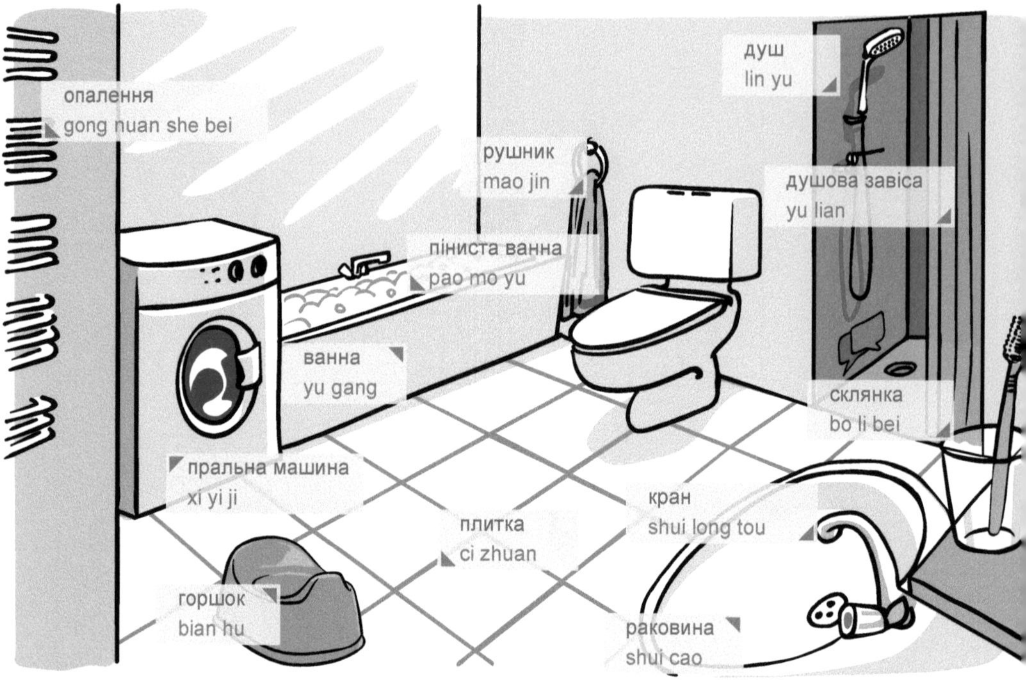

опалення
gong nuan she bei
рушник
mao jin
душ
lin yu
душова завіса
yu lian
пiниста ванна
pao mo yu
ванна
yu gang
склянка
bo li bei
пральна машина
xi yi ji
кран
shui long tou
плитка
ci zhuan
горшок
bian hu
раковина
shui cao

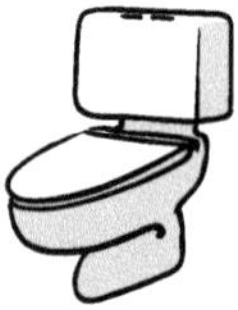
туалет
ce suo

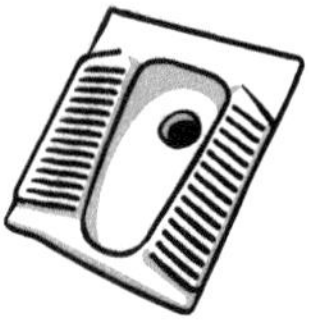
підлоговий туалет
dun bian qi

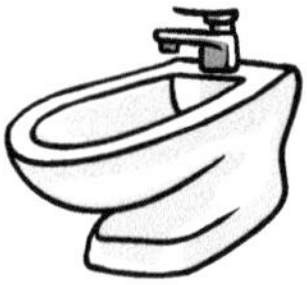
біде
zuo yu qi

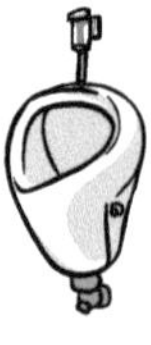
пісуар
xiao bian chi

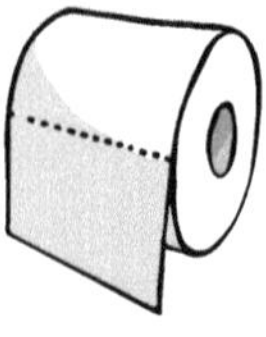
туалетний папір
ce zhi

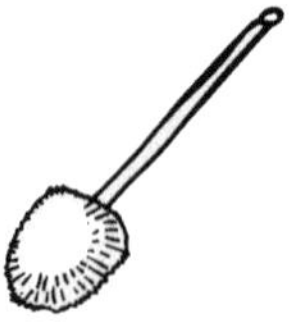
щітка для туалету
ma tong shua

зубна щітка

ya shua

зубна паста

ya gao

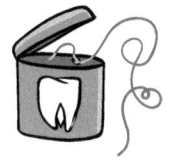

нитка для чищення зубів

ya xian

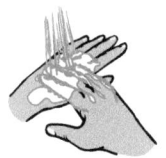

мити

xi

ручний душ

shou chi shi pen lin tou

інтимний душ

chong xi qi

таз

xi lian pen

щітка для спини

ca bei shua

мило

fei zao

гель для душу

mu yu lu

шампунь

xi fa shui

мочалка

fa lan rong

водостік

pai shui

крем

ru shuang

дезодорант

chu chou ji

дзеркало

jing zi

космети чне дзеркало

shou jing

бритва

ti xu dao

піна для гоління

ti xu pao mo

лосьйон після гоління

xu hou shui

гребінь

shu zi

щітка

shua zi

фен

chui feng ji

лак для волосся

pen fa ding xing ji

косметика

hua zhuang pin

губна помада

chun gao

лак для нігтів

zhi jia you

вата

hua zhuang mian

ножиці для нігтів

zhi jia jian

парфум

xiang shui

косметичка

xi shu bao

табурет

deng zi

ваги

ji zhong cheng

халат

yu pao

гумові рукавички

xiang jiao shou tao

тампон

wei sheng mian tiao

гігієнічні прокладки

wei sheng jin

біотуалет

hua xue ce suo

дитяча кімната

er tong fang

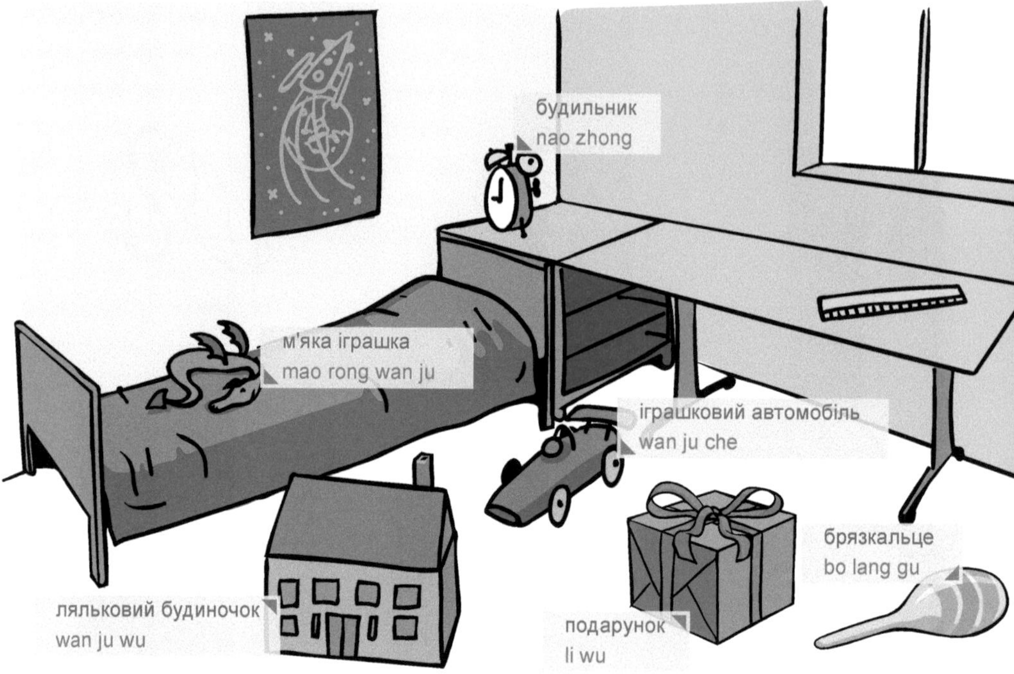
будильник
nao zhong
м'яка іграшка
mao rong wan ju
іграшковий автомобіль
wan ju che
брязкальце
bo lang gu
ляльковий будиночок
wan ju wu
подарунок
li wu

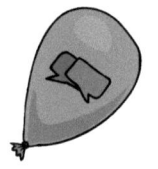

повітряна кулька

qi qiu

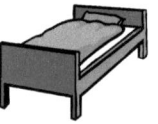

ліжко

chuang

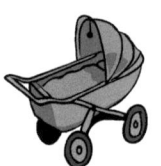

дитячий візок

(yang wa wa yong)ying er che

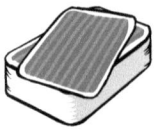

картярська гра

pu ke pai

пазл

pin tu

SUPER MEGA

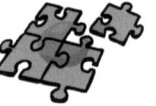

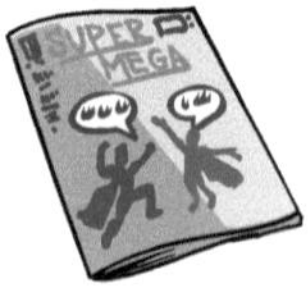

комікс

man hua

лего цеглинки

le gao ji mu

блоки

ji mu wan ju

іграшкова фігурка

wan ju ren

повзунки

ying er fu

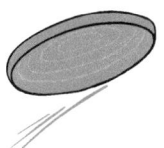

фризбі

fei pan

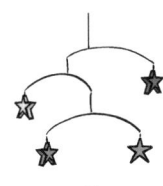

мобіле

chuang ling wan ju

настільна гра

qi pan you xi

кубик

shai zi

модель залізнична станція

huo che mo xing

соска

an fu nai zui

вечірка

ju hui

книжка з картинками

hui ben

м'яч

qiu

лялька

yang wa wa

грати

wan

пісочниця

sha keng

гойдалка

qiu qian

іграшка

wan ju

гральна консоль

you xi ji

триколісний велосипед

san lun che

плюшевий мішка

tai di xiong

шафа

yi chu

одяг

yi fu

шкарпетки

wa zi

панчохи

chang wa

колготки

jin shen ku

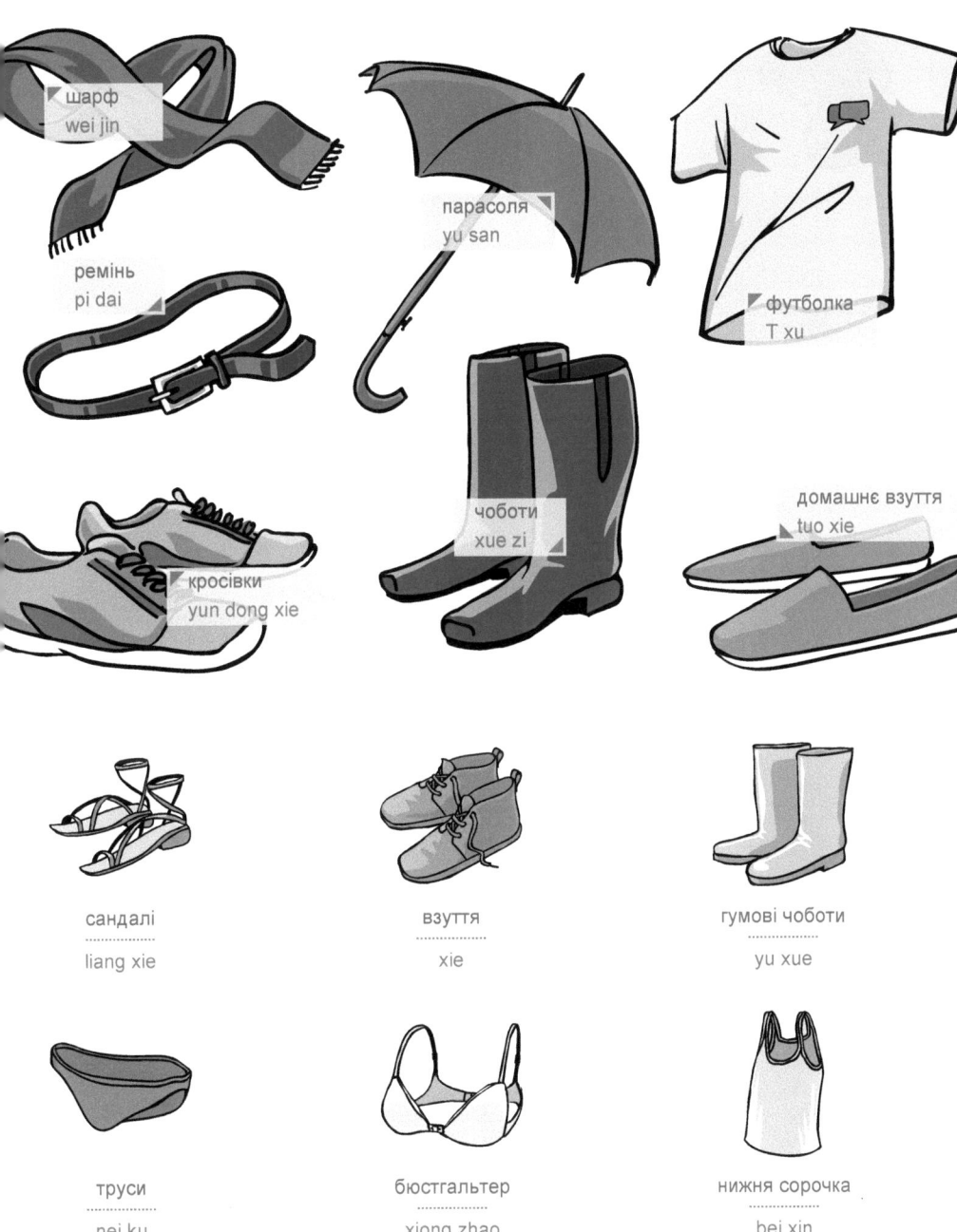

шарф
wei jin

парасоля
yu san

футболка
T xu

ремінь
pi dai

чоботи
xue zi

домашнє взуття
tuo xie

кросівки
yun dong xie

сандалі
liang xie

взуття
xie

гумові чоботи
yu xue

труси
nei ku

бюстгальтер
xiong zhao

нижня сорочка
bei xin

одяг - yi fu

боді

shen ti

штани

ku zi

джинси

niu zai ku

спідниця

duan qun

блузка

nü shi chen shan

сорочка

chen shan

пуловер

tao tou shan

светр

wei yi

піджак

xi zhuang jia ke

куртка

jia ke

пальто

wai tao

дощовик

yu yi

костюм

tao zhuang

сукня

lian yi qun

весільна сукня

hun sha

костюм

xi zhuang

нічна сорочка

shui pao

піжама

shui yi

сарі

sha li

головна хустка

tou jin

чалма

bao tou jin

бурка

bo ka

кафтан

ka fu tan

абая

(a la bo shi)chang pao

купальник

yong yi

плавки

nan shi yong ku

шорти

duan ku

тренувальний костюм

yun dong fu

фартух

wei qun

рукавички

shou tao

гудзик

niu kou

окуляри

yan jing

браслет

shou lian

ланцюг

xiang lian

кільце

jie zhi

сережка

er huan

шапка

bian mao

плічка

yi jia

капелюх

mao zi

краватка

ling dai

застібка-блискавка

la lian

шолом

tou kui

підтяжки

bei dai

шкільна форма

xiao fu

уніформа

zhi fu

нагрудник

wei dou

соска

an fu nai zui

підгузок

niao bu shi

офіс

ban gong shi

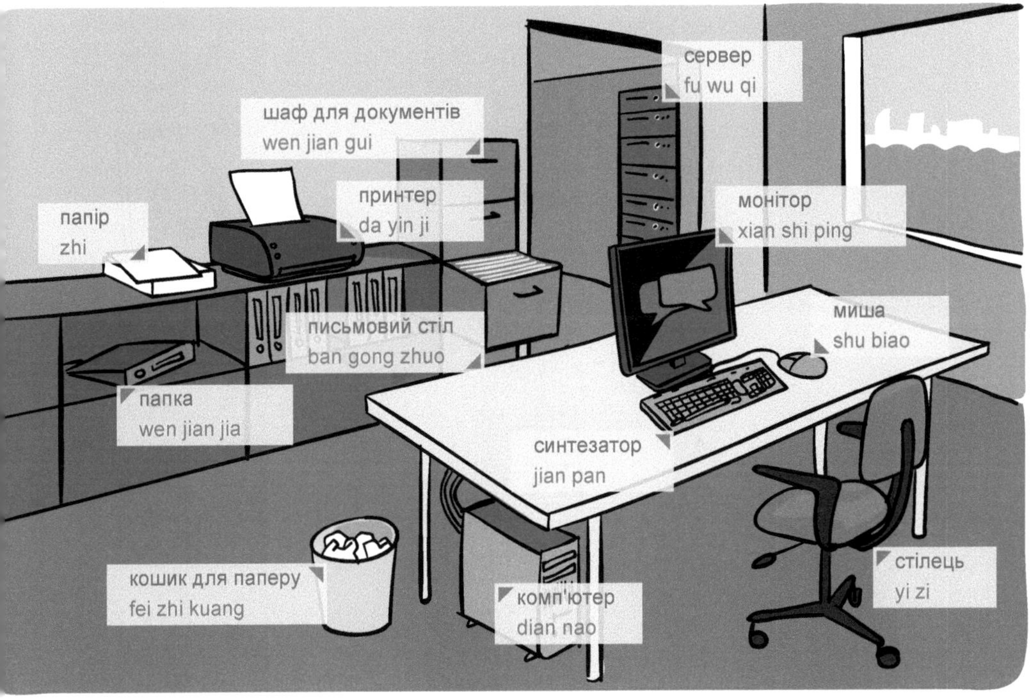

сервер
fu wu qi

шаф для документів
wen jian gui

принтер
da yin ji

папір
zhi

монітор
xian shi ping

миша
shu biao

письмовий стіл
ban gong zhuo

папка
wen jian jia

синтезатор
jian pan

кошик для паперу
fei zhi kuang

комп'ютер
dian nao

стілець
yi zi

кавовий кухоль

ka fei bei

калькулятор

ji suan qi

інтернет

yin te wang

ноутбук

bi ji ben dian nao

лист

xin jian

повідомлення

xiao xi

мобільний телефон

shou ji

мережа

wang luo

копіювальний пристрій

fu yin ji

програмне забезпечення

ruan jian

телефон

dian hua

розетка

cha zuo

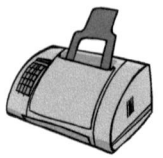

факс

chuan zhen ji

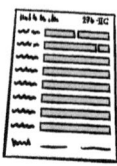

бланк

biao ge

документ

wen jian

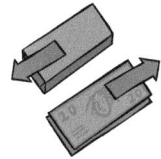

купувати

mai

платити

fu qian

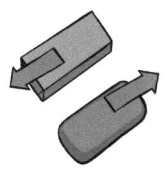

торгувати

jiao yi

гроші

xian jin

долар

mei yuan

євро

ou yuan

ієна

ri yuan

рубль

lu bu

франк

rui shi fa lang

юанів женьміньбі

ren min bi

рупія

lu bi

банкомат

ti kuan chu

обмінний пункт

wai bi dui huan chu

золото

jin

срібло

yin

нафта

shi you

енергія

neng yuan

ціна

jia ge

контракт

he tong

податок

shui jin

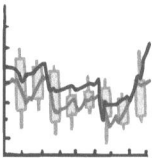

акція

gu piao

працювати

gong zuo

працівник

zhi yuan

роботодавець

lao ban

фабрика

gong chang

магазин

shang dian

професії

zhi ye

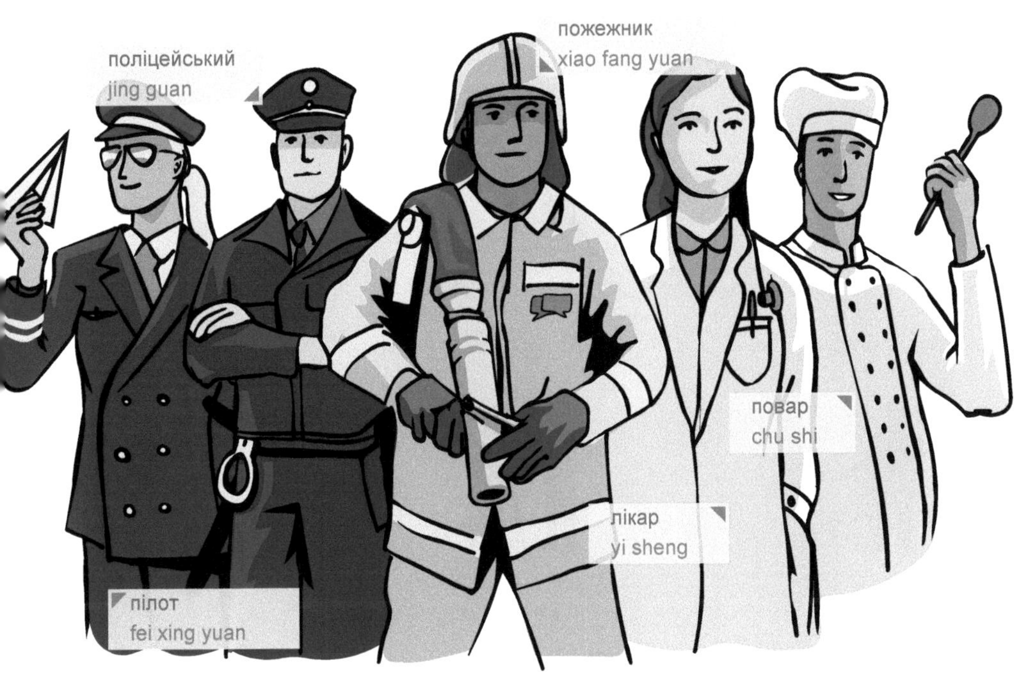

поліцейський
jing guan
пожежник
xiao fang yuan
повар
chu shi
лікар
yi sheng
пілот
fei xing yuan

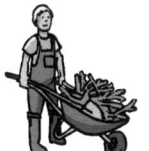

садівник

yuan ding

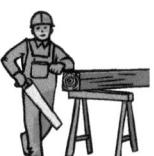

столяр

mu jiang

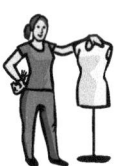

швачка

cai feng

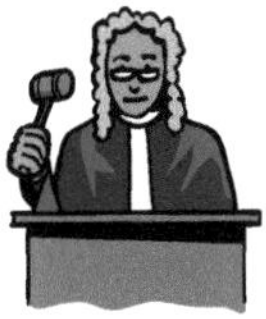

суддя

fa guan

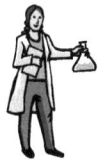

хімік

hua xue jia

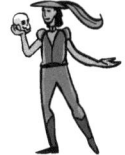

актор

yan yuan

водій автобуса

gong jiao che si ji

таксист

chu zu che si ji

рибалка

yu fu

прибиральниця

qing jie nü gong

покрівельник

wu ding gong

офіціант

fu wu yuan

мисливець

lie ren

художник

hua jia

пекар

mian bao shi

електрик

dian gong

будівельник

jian zhu gong ren

інженер

gong cheng shi

забійник

tu fu

бляхар

shui guan gong

листоноша

you di yuan

солдат

shi bing

архітектор

jian zhu shi

касир

shou yin yuan

флорист

hua nong

перукар

li fa shi

кондуктор

shou piao yuan

механік

ji xie shi

капітан

chuan zhang

дантист

ya yi

вчений

ke xue jia

рабин

la bi

імам

yi ma mu

монах

he shang

пастор

mu shi

професії - zhi ye

інструменти
gong ju

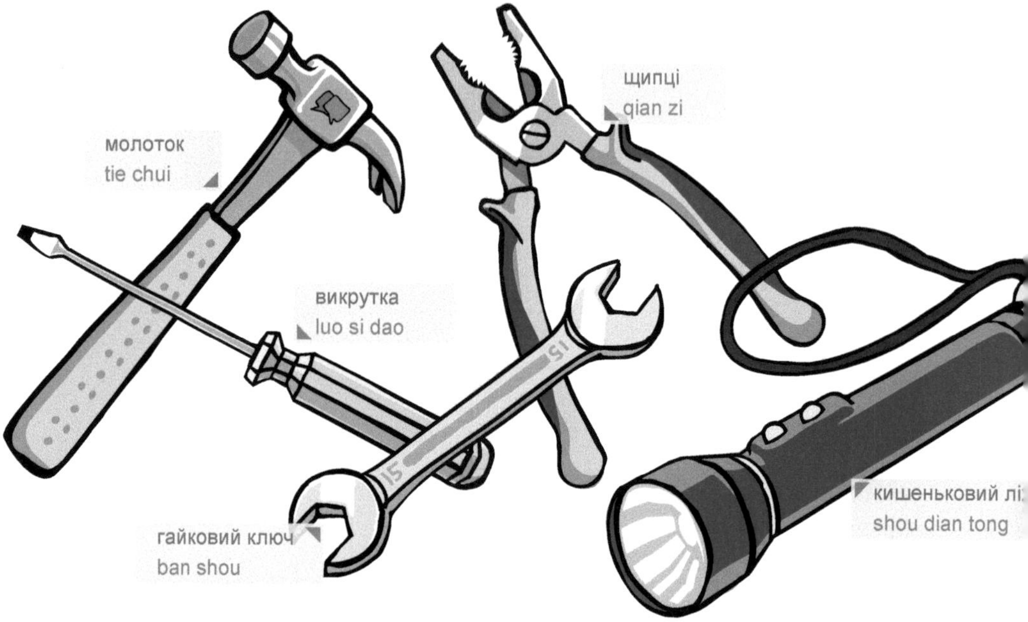
щипці
qian zi
молоток
tie chui
викрутка
luo si dao
кишеньковий лі
shou dian tong
гайковий ключ
ban shou

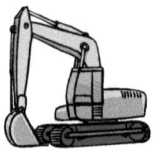

екскаватор

wa jue ji

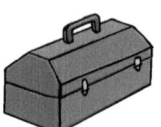

ящик для інструментів

gong ju xiang

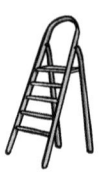

драбина

ti zi

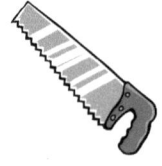

пилка

ju zi

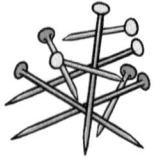

цвяхи

ding zi

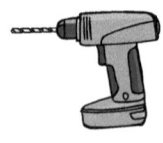

свердло

zuan ji

ремонтувати

xiu

лопата

chan zi

лайно!

kao!

совок

bo ji

відро з фарбою

you qi tong

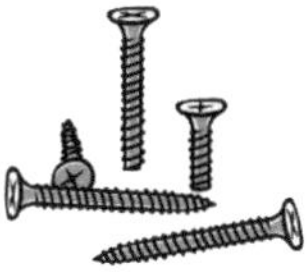

гвинти

luo si

музичні інструменти
yue qi

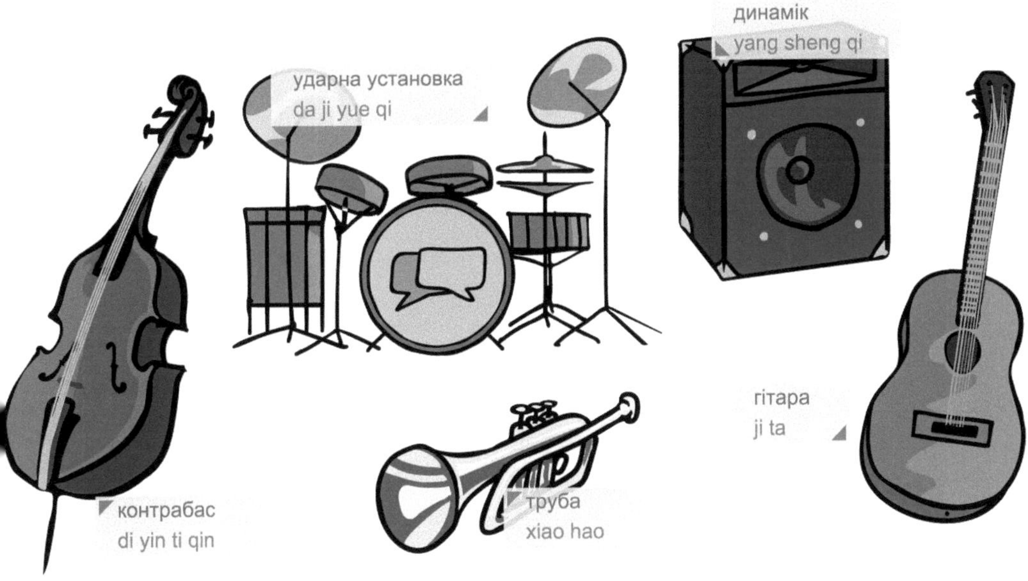

динамік
yang sheng qi

ударна установка
da ji yue qi

гітара
ji ta

контрабас
di yin ti qin

труба
xiao hao

фортепіано

gang qin

скрипка

xiao ti qin

бас

bei si

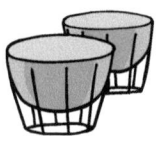

литаври

ding yin gu

барабан

gu

клавіатура

dian zi qin

саксофон

sa ke si guan

флейта

chang di

мікрофон

mai ke feng

вхід
ru kou

тигр
lao hu

клітка
long zi

зебра
ban ma

корм
dong wu si liao

панда
xiong mao

тварини

dong wu

слон

da xiang

кенгуру

dai shu

носоріг

xi niu

горила

da xing xing

ведмідь

xiong

верблюд

luo tuo

страус

tuo niao

лев

shi zi

мавпа

hou zi

фламінго

huo lie niao

папуга

ying wu

білий ведмідь

bei ji xiong

пінгвін

qi e

акула

sha yu

павич

kong que

змія

she

крокодил

e yu

працівник зоопарку

dong wu yuan guan li yuan

тюлень

hai bao

ягуар

mei zhou bao

поні

ai zhong ma

леопард

bao

гіпопотам

he ma

жираф

chang jing lu

орел

lao ying

кабан

ye zhu

риба

yu

черепаха

gui

морж

hai xiang

лисиця

hu li

газель

ling yang

американський футбол
gan lan qiu

їзда на велосипеді
qi zi xing che

теніс
wang qiu

баскетбол
lan qiu

плавання
you yong

бокс
quan ji

хокей
bing qiu

футбол
ying shi zu qiu

бадмінтон
yu mao qiu

легка атлетика
tian jing

гандбол
shou qiu

лижні перегони
hua xue

поло
ma qiu

сміятися
xiao

стрибати
tiao

обіймати
yong bao

йти
zou lu

співати
chang

мріяти
zuo meng

молитися
qi dao

цілувати
qin wen

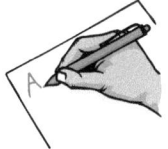

писати

shu xie

малювати

hua

показувати

zhan shi

тиснути

tui

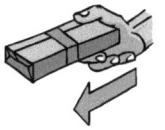

давати

gei

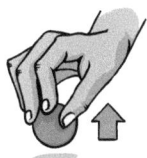

брати

na

мати

you

робити

zuo

бути

dang

стояти

zhan

бігати

pao

тягнути

la

кидати

reng

падати

shuai dao

лежати

tang

очікувати

deng dai

носити

xie dai

сидіти

zuo

одягати

chuan yi

спати

shui jiao

просипатися

xing lai

дивитися

kan

плакати

ku

гладити

fu mo

розчісувати

shu tou

розмовляти

jiao tan

розуміти

ming bai

питати

wen

слухати

ting

пити

he

їсти

chi

прибирати

qing li

любити

ai

варити

zuo fan

їхати

kai che

літати

fei

йти під вітрилом

hang xing

рахувати

ji suan

читати

du

вчитися

xue xi

працювати

gong zuo

одружуватися

jie hun

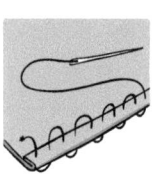

шити

feng

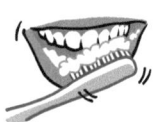

чистити зуби

shua ya

убивати

sha

курити

chou yan

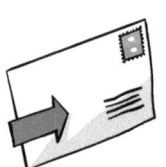

посилати

ji

бабуся
zu mu

дідуся
zu fu

батько
fu qin

мати
mu qin

немовля
ying tong

донька
nü er

син
er zi

гість

ke ren

тітка

a yi

дядько

shu shu

брат

xiong di

сестра

jie mei

тіло

shen ti

чоло
qian e
око
yan jing
плече
jian bang
палець
shou zhi
обличчя
lian
підборіддя
xia ba
кисть
shou
груди
ru fang
нога
tui
рука
shou bi

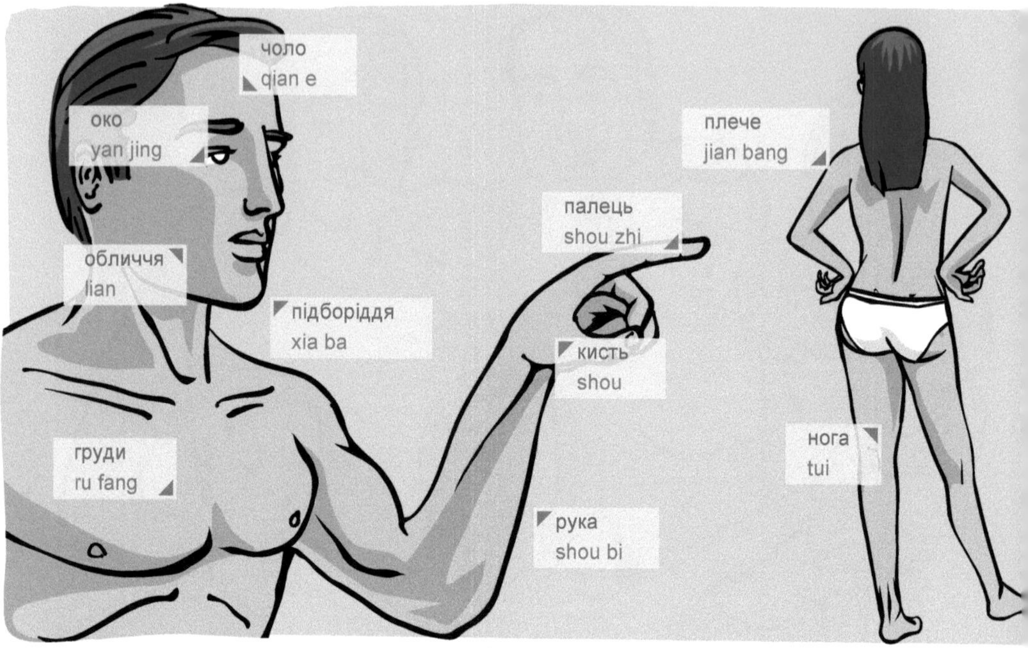

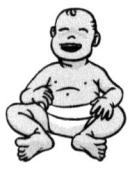

немовля
ying tong

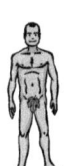

чоловік
nan ren

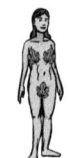

жінка
nü ren

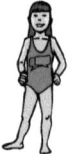

дівчина
nü hai

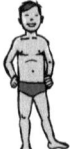

хлопчик
nan hai

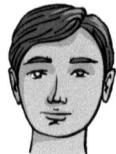

голова
tou

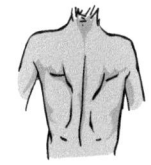

спина

bei bu

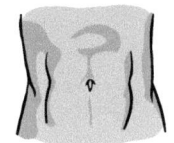

живіт

du zi

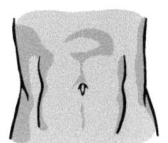

пуп

du qi

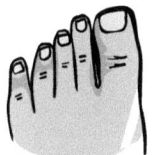

палець ноги

jiao zhi

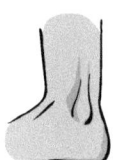

п'ята

jiao hou gen

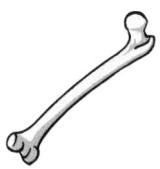

кістка

gu tou

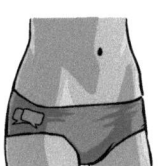

стегно

tun bu

коліно

xi gai

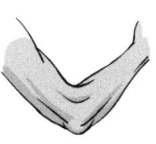

лікоть

shou zhou

ніс

bi zi

сідниці

pi gu

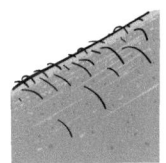

шкіра

pi fu

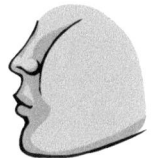

щока

lian jia

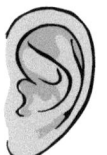

вухо

er duo

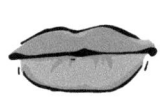

губа

zui chun

рот

zui

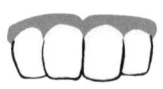

зуб

ya chi

язик

she tou

мозок

nao

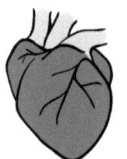

серце

xin zang

м'яз

ji rou

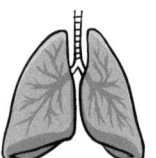

легені

fei

печінка

gan zang

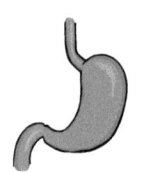

шлунок

wei

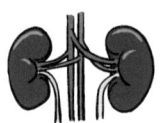

нирки

shen zang

статевий акт

xing jiao

презерватив

bi yun tao

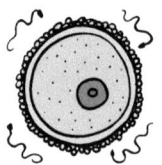

яйцеклітина

luan zi

сперма

jing zi

вагітність

huai yun

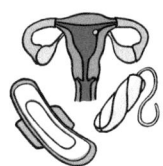

менструація
....
yue jing

вагіна
....
yin dao

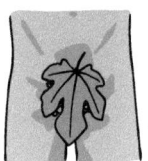

пеніс
....
yin jing

брова
....
mei mao

волосся
....
tou fa

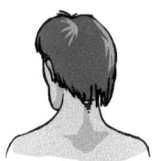

шия
....
bo zi

тіло - shen ti

лікарня
yi yuan

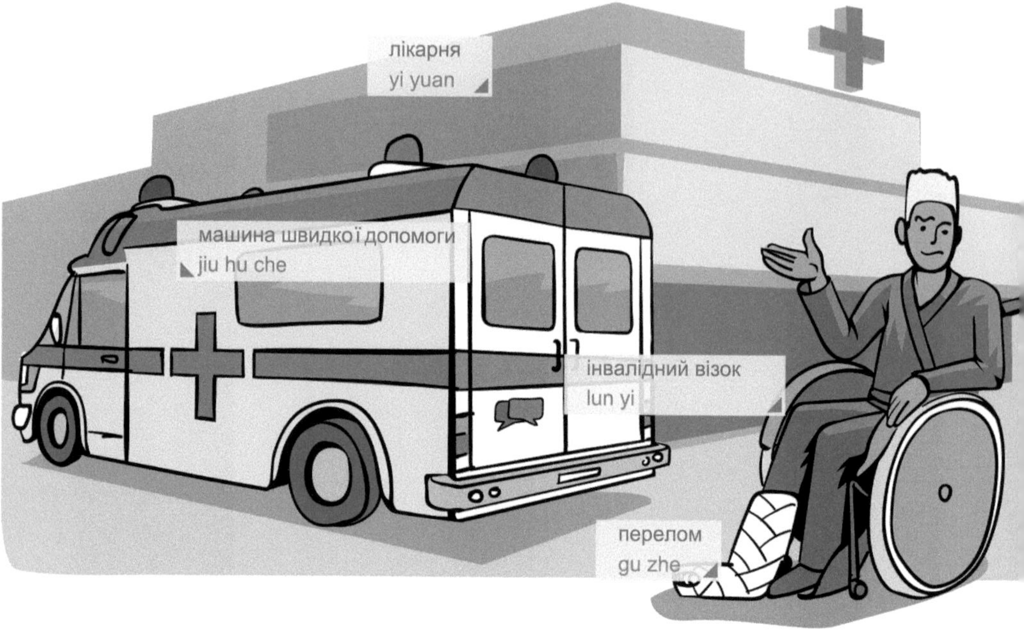

лікарня
yi yuan
машина швидкої допомоги
jiu hu che
інвалідний візок
lun yi
перелом
gu zhe

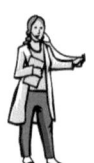

лікар

yi sheng

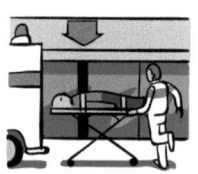

відділення швидкої медичної допомоги

ji zhen shi

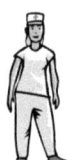

медсестра

hu shi

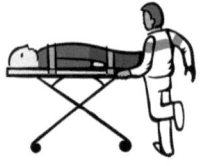

аварійний випадок

jin ji qing kuang

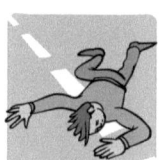

непритомний

hun mi

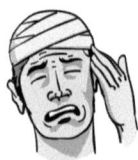

біль

tong

травма

shou shang

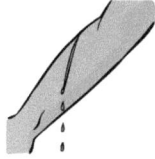

кровотеча

chu xue

інфаркт

xin zang bing fa zuo

інсульт

zhong feng

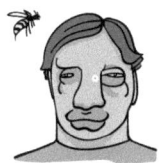

алергія

guo min

кашель

ke sou

лихоманка

fa shao

грип

liu gan

пронос

fu xie

головна біль

tou tong

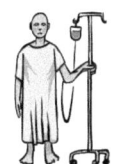

рак

ai zheng

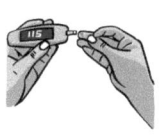

діабет

tang niao bing

хірург

wai ke yi sheng

скальпель

shou shu dao

операція

shou shu

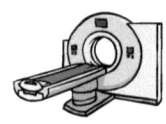

KT

CT

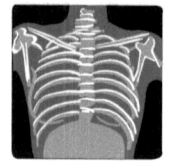

рентген

X guang

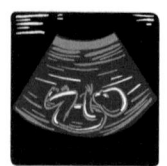

ультразвук

chao sheng bo

маска

kou zhao

хвороба

ji bing

зал очікування

hou zhen shi

милиця

guai zhang

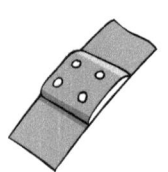

пластир

shi gao

пов'язка

beng dai

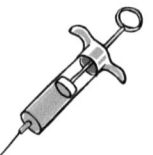

ін'єкція

zhu she

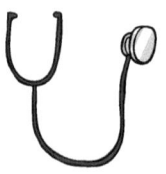

стетоскоп

ting zhen qi

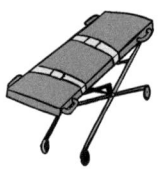

ноші

dan jia

термометр

ti wen ji

народження

chu sheng

надмірна вага

chao zhong

слуховий апарат

zhu ting qi

дезінфікуючий засіб

xiao du ye

інфекція

gan ran

вірус

bing du

ВІЛ / СНІД

ai zi bing

медицина

yao wu

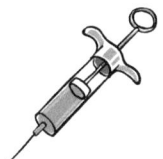

вакцинація

jie zhong yi miao

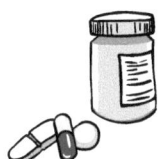

таблетки

yao pian

протизаплідна пігулка

yao wan

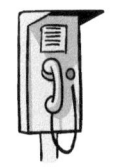

екстрений виклик

ji jiu dian hua

тонометр

xue ya ji

хворий / здоровий

sheng bing/jian kang

Допоможіть!
jiu ming!

сигнал тривоги
jing bao

напад
tu ji

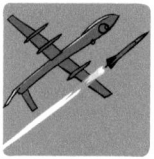

атака
gong ji

небезпека
wei xian

аварійний вихід
jin ji chu kou

Вогонь!
zhao huo la!

вогнегасник
mie huo qi

аварія
yi wai

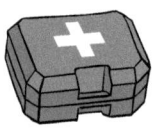

аптечка
ji jiu xiang

СОС
hu jiu xin hao

поліція
jing cha

Європа

ou zhou

Північна Америка

bei mei zhou

Південна Америка

nan mei zhou

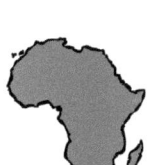

Африка

fei zhou

Азія

ya zhou

Австралія

ao zhou

Атлантика

da xi yang

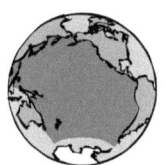

Тихий океан

tai ping yang

Індійський океан

yin du yang

Антарктичний океан

nan bing yang

Північний Льодовитий
океан

bei bing yang

Північний полюс

bei ji

Південний полюс

nan ji

Антарктика

nan ji zhou

Земля

di qiu

суша

lu di

море

hai

острів

dao

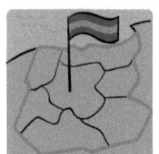

нація

guo jia

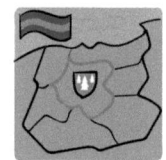

держава

guo jia

циферблат

zhong mian

годинникова стрілка

shi zhen

хвилинна стрілка

fen zhen

секундна стрілка

miao zhen

Котра година?

xian zai ji dian?

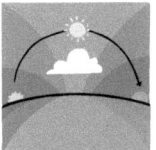

день

tian

час

shi jian

зараз

xian zai

цифровий годинник

dian zi biao

хвилина

fen

година

shi

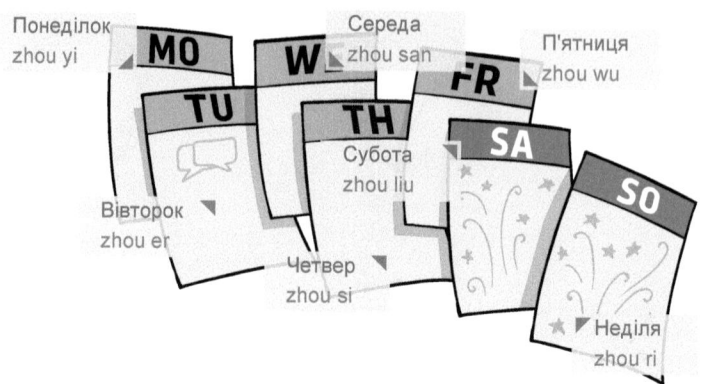

Понеділок
zhou yi

Середа
zhou san

П'ятниця
zhou wu

Вівторок
zhou er

Четвер
zhou si

Субота
zhou liu

Неділя
zhou ri

вчора

zuo tian

сьогодні

jin tian

завтра

ming tian

ранок

zao chen

опівдні

zhong wu

вечір

wan shang

робочі дні

gong zuo ri

кінець робочого тижня

zhou mo

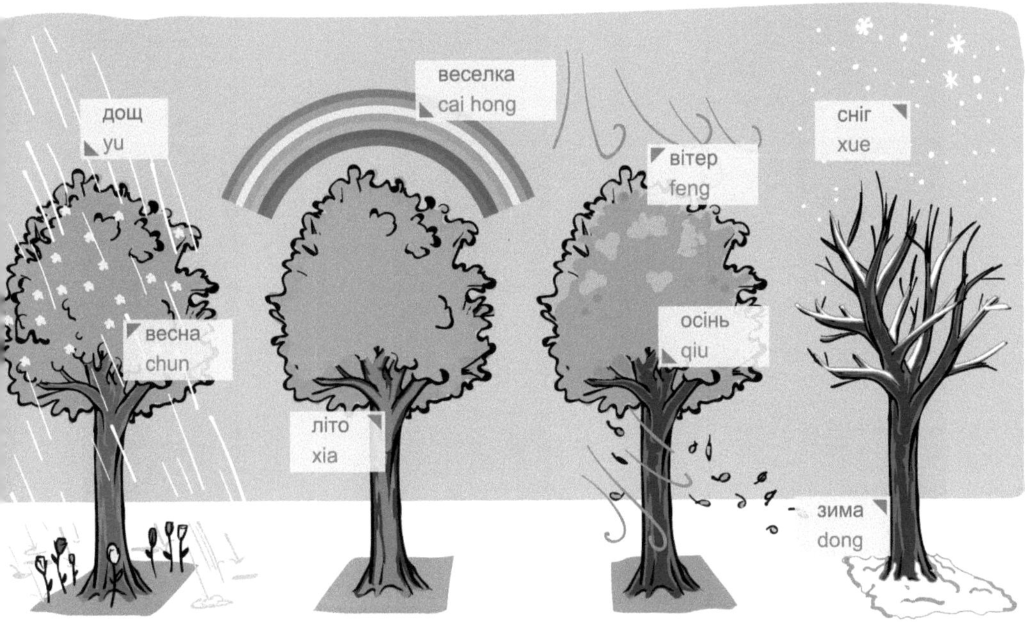

дощ
yu
веселка
cai hong
вітер
feng
сніг
xue
весна
chun
осінь
qiu
літо
xia
зима
dong

4.APRIL 11°
5.APRIL 4°
6.APRIL 13°
7.APRIL 8°
8.APRIL 10°

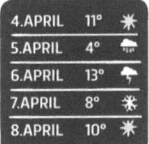

прогноз погоди

tian qi yu bao

F
C

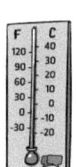

термометр

wen du ji

сонячне світло

yang guang

хмара

yun

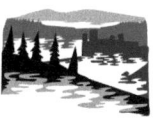

туман

wu

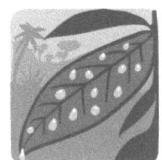

вологість повітря

chao shi

блискавка

shan dian

грім

da lei

шторм

feng bao

град

bing bao

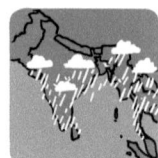

мусон

ji feng

повінь

hong shui

лід

bing

Січень

yi yue

Лютий

er yue

Березень

san yue

Квітень

si yue

Травень

wu yue

Червень

liu yue

Липень

qi yue

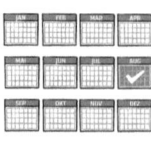

Серпень

ba yue

Вересень

jiu yue

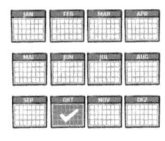

Жовтень

shi yue

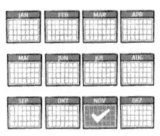

Листопад

shi yi yue

Грудень

shi er yue

круг

yuan xing

квадрат

zheng fang xing

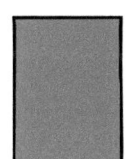

прямокутник

chang fang xing

трикутник

san jiao xing

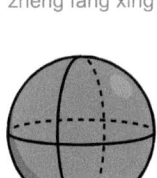

куля

qiu ti

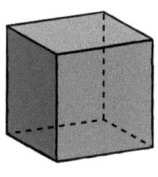

куб

li fang ti

білий

bai

жовтий

huang

помаранчевий

cheng

рожевий

fen

червоний

hong

фіолетовий

zi

синій

lan

зелений

lü

коричневий

zong

сірий

hui

чорний

hei

багато / мало

hen duo/shao xu

лютий / мирний

sheng qi/ping jing

гарний / бридкий

mei/chou

початок / кінець

shou/wei

великий / малий

da/xiao

світлий / темний

ming/an

брат / сестра

xiong di/jie mei

чистий / брудний

gan jing/ang zang

завершений /
незавершений
wan zheng/que shi

день / ніч

bai tian/wan shang

мертвий / живий

si/sheng

широкий / вузький

kuan/zhai

їстівний / неїстівний

ke shi yong/fei shi yong

злий / дружній

xie e/shan liang

збуджений / нудьгуючий

xing fen/wu liao

товстий / тонкий

pang/shou

спочатку / востаннє

di yi/zui hou

друг / ворог

peng you/di ren

повний / порожній

man/kong

жорсткий / м'який

ying/ruan

важкий / легкий

zhong/qing

голод / спрага

e/ke

хворий / здоровий

sheng bing/jian kang

незаконний / законний

fei fa/he fa

розумний / дурний

cong ming/yu ben

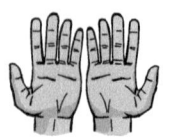

вліво / вправо

zuo/you

поруч / далеко

jin/yuan

новий / використаний

xin/jiu

нічого / щось

mei you/you xie

старий / молодий

lao/you

вкл / викл

kai/guan

відкрито / закрито

da kai/he shang

тихо / гучно

an jing/chao nao

багатий / бідний

fu/qiong

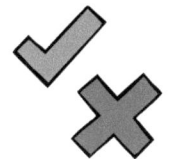

правильно / неправильно

dui/cuo

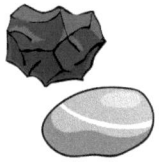

шорсткий / гладкий

cu cao/guang hua

сумний / щасливий

shang xin/gao xing

короткий / довгий

duan/chang

повільно / швидко

man/kuai

вологий / сухий

shi/gan

гарячий / холодний

wen nuan/liang shuang

війна / мир

zhan zheng/he ping

0

нуль

ling

1

один

yi

2

два

er

3

три

san

4

чотири

si

5

п'ять

wu

6

шість

liu

7

сім

qi

8

вісім

ba

9

дев'ять

jiu

10

десять

shi

11

одинадцять

shi yi

12

дванадцять

shi er

13

тринадцять

shi san

14

чотирнадцять

shi si

15

п'ятнадцять

shi wu

16

шістнадцять

shi liu

17

сімнадцять

shi qi

18

вісімнадцять

shi ba

19

дев'ятнадцять

shi jiu

20

двадцять

er shi

100

сто

bai

1.000

тисяча

qian

1.000.000

мільйон

bai wan

англійська

ying yu

американська англійська

mei shi ying yu

китайська
високочиновницька

pu tong hua

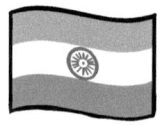

хінді

yin di yu

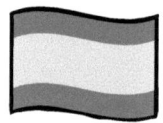

іспанська

xi ban ya yu

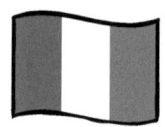

французька

fa yu

арабська

a la bo yu

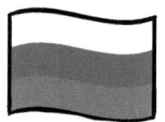

російська

e yu

португальська

pu tao ya yu

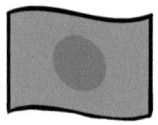

бенгальська

feng jia la yu

німецька

de yu

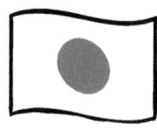

японська

ri yu

я

wo

ти

ni

він / вона / воно

ta/ta/ta

ми

wo men

ви

ni men

вони

ta men

хто?

shei?

що?

shen me?

як?

zen yang?

де?

na li?

коли?

shen me shi hou?

ім'я

ming zi

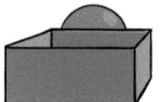

ззаду

hou mian

в

li mian

перед

qian mian

над

shang fang

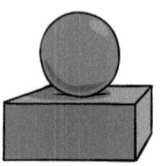

на

shang mian

під

xia mian

біля

pang bian

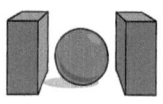

між

zhong jian

місце

di dian